Maike Siebold / Anna Lisicki-Hehn

Ist nicht so!

Margo und die Sache mit den Fragen

Maike Siebold

geb. 1965, arbeitet als Produkt-Poetin (Texterin) in einer Kommunikationsagentur und ist Autorin von Kinderbüchern, von Beiträgen der Evangelischen Kirche für 1LIVE und vom Podcast Family fatal. Ihre ersten beruflichen Schritte machte sie in der Kinder- und Jugendarbeit. Sie lebt in einer turbulenten Pfarrfamilie am Rande des Ruhrgebiets.

Anna Lisicki-Hehn

geb. 1985, studierte Sozialpädagogik und war in verschiedenen multikulturellen Projekten tätig. Heute schreibt und illustriert sie Kinderbücher mit Liebe zum Detail. Sie wurde mit dem „KIMI-Siegel für Vielfalt in Kinderbüchern" ausgezeichnet. Die von ihr illustrierte Alle-Kinder-Bibel wurde in kürzester Zeit zum Bestseller. Mit ihrer Familie lebt sie in Köln.

Maike Siebold

Anna Lisicki-Hehn

Ist nicht so!

Margo und die Sache mit den Fragen

neukirchener

Eine Vorlesegeschichte

Über den nebenstehenden QR-Code
können Sie das Lied zur Jahreslosung
„Was uns wirklich guttut“ anhören.

„EINE FORSCHERIN SCHAUT
IMMER GENAU HIN UND LÄSST
SICH NICHT TÄUSCHEN.
SIE ACHTET AUF KLEINIGKEITEN
UND SUCHT EINE LÖSUNG
FÜR JEDES PROBLEM."

MARGO (UND NICHT MANGO)
ZWEISTEIN

„Ist nicht so!“,
stöhnt Margo
und schlurft
in ihr Zimmer.

„Margo! Essen!“,
ruft ihre Mutter.
Aber Margo hat
keinen Hunger.
Ihre Mutter hat
behauptet,
Herr Andersen
hätte die
Nähmaschine
von Frau Stoffel
gestohlen.
Sie stand
im Flur und
nun ist sie
verschwunden.

Margo hängt sich kopfüber an ihre Turnstange. So kann sie besser nachdenken. Doch gerade jetzt fällt ihr nichts ein.

Dabei hat Margo schon viele große Rätsel gelöst. Sie weiß, dass Gänseblümchen nachts schlafen. Mit Hilfe ihrer Blumen-Schlafenszeit-Tabelle kann sie es beweisen.

„Frau Stoffel kann mit ihren zittrigen Fingern nicht mehr nähen, deshalb wollte sie das alte Ding abgeben. Hat sie selbst gesagt“, sagt Margo und stochert im Essen herum.

„Darum geht es nicht. Die Nähmaschine gehört Frau Stoffel, egal ob sie damit näht oder nicht. Außerdem ist ihre Situation schon traurig genug. Letztes Jahr hat sie dir noch das schöne Kleid zur Einschulung geschneidert, und jetzt geht immer weniger. Sogar ihren Geburtstag musste sie absagen.“

Herr Andersen ist kein Dieb, das weiß Margo. Er ist lustig und auf seinem Dachgarten gibt es einen richtigen Strand mit Sand, einer Pflanze, die Meerkohl heißt, und sogar einen kleinen Teich mit Muscheln drin.

Margos Mutter behauptet auch, dass Kuscheltiere nicht fliegen können. Aber Margo hat herausgefunden, dass sie sich irrt. Ihr Teddy und ihr Plüschhund Lupo sind fünfmal ohne Hilfe vom Schrank bis zum Boden geflogen.

EMASCHINE

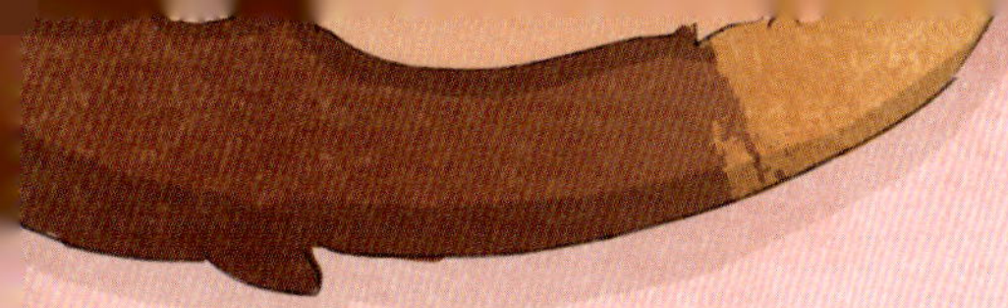

Nach dem Essen nimmt sich Margo ihr Forscherheft, einen Stift und das Rätselradiergummi.

In das Heft schreibt sie alles, was sie untersucht. Wenn sie ein Problem gelöst hat, sorgt sie mit ihrem Radiergummi dafür, dass es auch aus dem Heft wieder verschwindet.

Margo will herausfinden, ob noch mehr Leute im Haus glauben, dass Herr Andersen die Nähmaschine genommen hat. Sie läuft zu Frau Stoffel und klingelt.

Es dauert einen Moment, bis sich die Tür öffnet.

„Wie schön, dass du mich besuchst, Mango“, sagt Frau Stoffel.

In letzter Zeit vergisst sie immer häufiger, wie Margo richtig heißt.

Margo und Frau Stoffel setzen sich an den Küchentisch. Frau Stoffel erzählt ihr wieder von der Nähmaschine und wie wunderschön ihr rotes Kleid war, das sie damit genäht hat.

„Ich sah aus wie eine Prinzessin!“ Dann murmelt sie vor sich hin: „Der fremde Mann von oben muss meine Nähmaschine genommen haben. Wer sonst?“

Margo läuft die Treppe hinunter und drückt die Klingel bei Familie Butterbrot. Frau Butterbrot arbeitet bei der Polizei. Sie sagt, mit dem Herzen zu sehen, sei Unsinn. Gut würde man nur mit dem prüfenden Auge einer Polizistin sehen.

„Wissen Sie, wer die Nähmaschine von Frau Stoffel genommen hat?“
Frau Butterbrot zuckt mit den Schultern. „Nein, aber ich könnte mal ein Auge auf den neuen Mieter unter dem Dach werfen.“

Bei Kleemanns öffnet Jona die Tür. Auch er weiß nicht, wo die Nähmaschine sein könnte. „Wirklich traurig für Frau Stoffel. Erst muss sie ihren Geburtstag absagen und jetzt wird sie auch noch beklaut. Diesem Herrn Andersen traue ich nicht. Neulich lief er in einem Pelz durchs Treppenhaus. Ein arroganter Kerl."

Margo murmelt: „Ist nicht so!", schreibt etwas in ihr Heft und läuft die Stufen zu Herrn Andersen hinauf.

KLEEMANN
KOMM
REIN

Herr Andersen öffnet in einem
goldglänzenden Mantel die Tür.

„Wundere dich nicht über mein Kostüm.
Ich probe gerade den Tom: meine neue Rolle in
dem Theaterstück ‚Karline und der Flaschengarten'.
Möchtest du trotzdem hereinkommen?"

„Ja, wir haben nämlich ein Problem,
und wir brauchen einen Plan."

Herr Andersen zieht die Augenbrauen hoch.
„Nanu? Da bin ich aber gespannt."

Als die Bewohner und Bewohnerinnen des Mietshauses am nächsten Tag ihre Briefkästen öffnen, finden sie einen kleinen roten Stoffbeutel mit einer besonderen Einladung darin.

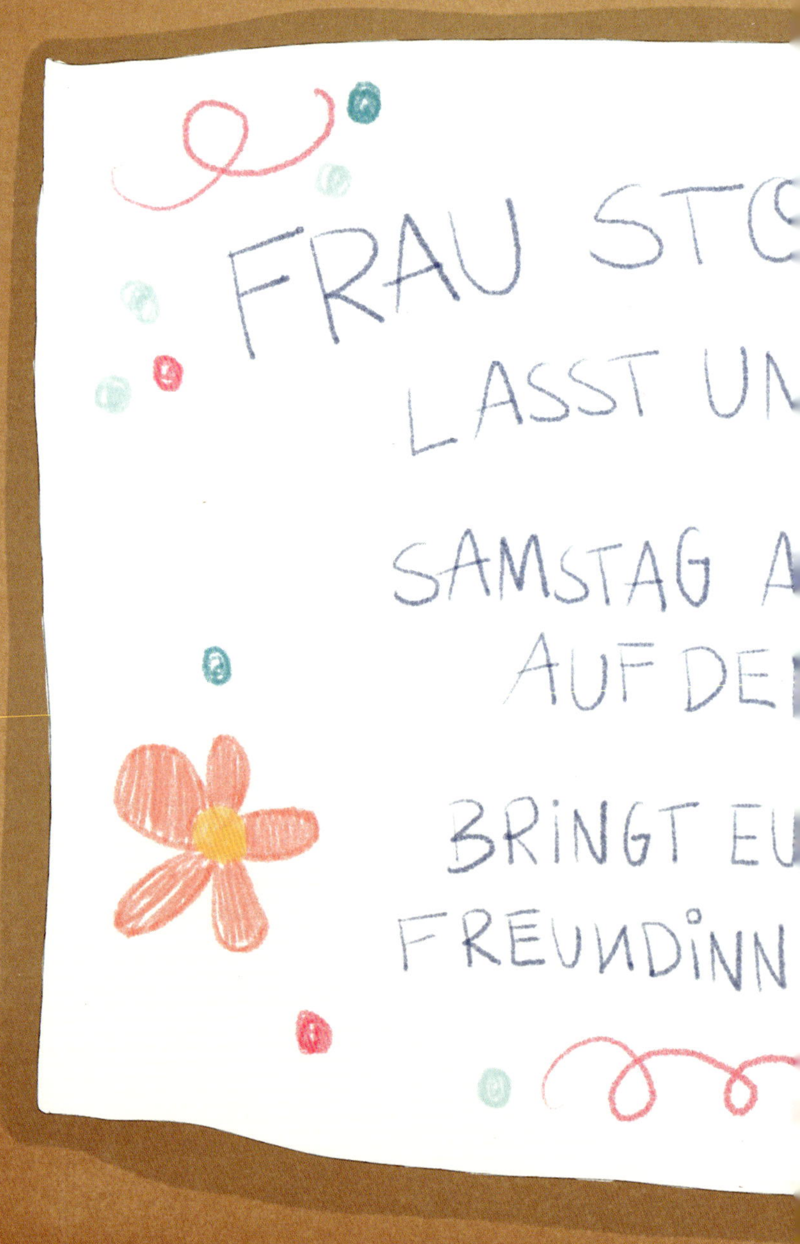

EL WIRD 80!
EIERN!
UHR,
ACHGARTEN,
EUNDE +
IT!

Am Samstagabend ist der Dachgarten von Herrn Andersen von Musik und fröhlichem Geplauder erfüllt. Als letzte kommen Frau Stoffel und ihr Sohn die Treppe hinauf. Frau Stoffel weiß vor Freude nicht, was sie sagen soll. Da entdeckt sie ein rotes Kleid im Baum. Vor Begeisterung schlägt sie die Hände vors Gesicht.

„Das sieht aus wie mein rotes Kleid,
aber es ist noch viel schöner als damals.“
Herr Andersen nimmt das Kleid aus den
Zweigen und reicht es ihr.
„Für Sie, liebe Nachbarin,
damit Sie auch an Ihrem Geburtstag
wie eine Prinzessin aussehen.“

Dann bittet Herr Andersen um Ruhe. „Herzlich willkommen, liebe Gäste. Bevor wir feiern, möchte ich etwas loswerden. Wundert euch nicht, wenn ich manchmal etwas seltsam aussehe. Als Schauspieler muss ich immer wieder in neue Rollen schlüpfen."

Margo stellt sich auf einen Stuhl und meldet sich zu Wort: „Ich habe die Nähmaschine genommen. Herr Andersen hat früher Kostüme geschneidert.
Frau Stoffel sollte als Überraschung zum Geburtstag ein neues Kleid bekommen."

Jona Kleemann fängt an zu klatschen und alle anderen stimmen mit ein.

Müde, aber glücklich sitzt Margo im Sand.
Einige Gäste tanzen. Frau Butterbrot und Frau Stoffel unterhalten sich lachend mit Herrn Andersen.

Zwei Ameisen krabbeln an Margos Bein hoch. „Worüber reden die beiden wohl?“, überlegt Margo und beschließt, ab morgen die Sprache der Ameisen zu entschlüsseln und ein „Ameisen-Wörterbuch“ zu schreiben.

EMPFEHLUNG

„Ist nicht so! Margo und die Sache mit den Fragen“

- Das didaktische Begleitmaterial enthält viele Ideen und Impulse für den religionspädagogischen Einsatz im Elementarbereich und Religionsunterricht (1.– 6. Klasse) zur Jahreslosung 2025 „Prüft alles und behaltet das Gute!“ (1. Thessalonicher 5,21).
- Themenfelder sind: Neugierde, Vorurteile abbauen, kritisches Hinterfragen, Selbstkritik, Mitgefühl

Marie-Anne Halim / Lisa J. Krengel (Hg.)
Ist nicht so! Margo und die Sache mit den Fragen
Begleitmaterial zur Jahreslosung 2025 für die Arbeit mit Kindern
ISBN 978-3-7615-6971-9

Herausgegeben von: Evangelische Kirche im Rheinland, Vereinte Evangelische Mission, Pädagogisch-Theologisches Institut der EKiR, Förderverein Kirche mit Kindern in der EKiR e.V., Institut für Aus-, Fort- und Weiterbildung der EKvW, Pädagogisches Institut der EKvW

Evangelische Kirche im Rheinland

VEM VEREINTE EVANGELISCHE MISSION

pti pädagogisch-theologisches institut der Evangelischen Kirche im Rheinland

KIRCHE MIT KINDERN

Evangelische Kirche von Westfalen
Institut für Aus-, Fort- und Weiterbildung

Pädagogisches Institut
Evangelische Kirche von Westfalen

Bibliografische Information der Deutschen Nationalbibliothek:
Die Deutsche Nationalbibliothek verzeichnet diese Publikation in der Deutschen Nationalbibliografie; detaillierte bibliografische Daten sind im Internet über http://dnb.d-nb.de abrufbar.

Gesamtgestaltung und DTP: Grafikbüro Sonnhüter,
www.grafikbuero-sonnhueter.de, unter Verwendung der Bilder von © Anna Lisicki-Hehn
Lektorat: Mareike Würtele
Verwendete Schriften: Chinchilla, Cervo, Minion, Schulbuch Bayern
Gesamtherstellung: Finidr, s.r.o., Český Těšín
Printed in Czech Republic
ISBN 978-3-7615-6970-2

www.neukirchener-verlage.de

FSC www.fsc.org MIX Papier aus verantwortungsvollen Quellen FSC® C014138